Alexander T. Tvardovskij

GEDICHTE

– eine Auswahl –

übersetzt und in Verse gebracht

von

Irina Tvardovskaya und Matthias Freytag

Bibliografische Information der Deutschen
Nationalbibliothek:
Die Deutsche Nationalbibliothek verzeichnet
diese Publikation
in der Deutschen Nationalbibliografie;
detaillierte bibliografische Daten sind im Internet
über http://dnb.dnb.de abrufbar.

Umschlaggestaltung, Herstellung und Verlag:
BoD - Books on Demand, Norderstedt
ISBN: 978-3-7494-0030-0

Inhaltsverzeichnis

Einleitung

Alexander Trifonowitsch Tvardovskij – geboren als Sohn eines Schmiedes und Kleinbauern am 21. Juni 1910 in Sagorje bei Smolensk, gestorben am 18. Dezember 1971 in Krasnaja Pachra bei Moskau – zählt in seiner Heimat Russland zu den berühmtesten Dichtern. Seine Poeme (Gedichterzählungen) gehören dort zum Kanon der Literatur und sind teilweise (wie etwa das Poem „Wassilij Tjorkin" über einen einfachen Soldaten im Zweiten Weltkrieg) geradezu volkstümlich geworden.

Auch als Lyriker nimmt er einen wichtigen Platz ein; vieles davon ist über Buch und Bibliothek hinaus mündlich verbreitet. Neben der Lyrik und den Poemen umfasst sein Werk als Schriftsteller in geringerem Umfang auch Prosa. Zum einen sind dies Aufsätze zur Literatur (in denen er sich vor allem in der späteren Zeit auch mit der Problematik der sowjetischen Literatur in den Zwängen der Doktrin auseinandersetzte), zum andern schrieb er einige Erzählungen sowie einen Zyklus von Momentaufnahmen aus dem zweiten Weltkrieg, die sich auf unspektakuläre und dennoch eindringliche Weise zu einem Gesamtbild fügen. Dieser Teil seines Werkes weist ihn als ebenso großen Prosaiker aus, dem es gelingt, ganz ohne Lyrizismen mit klarer, prägnanter Sprache Poesie zu schaffen.

Nicht weniger bedeutsam als seine schriftstellerische Arbeit war sein Wirken über insgesamt

16 Jahre (1950 – 1954 und 1958 – 1970) als Chef-
redakteur der auflagenstarken und renommierten
Literatur- und Kultur-Zeitschrift „Novij mir" (Neue
Welt), die sich als einziges Presseorgan in den
1950er und -60er Jahren der offiziellen ideologi-
schen Linie entgegenstellte. Tvardovskij selbst sah
sich nicht als Dissident; seine Zeitschrift sollte als
demokratisches und aufklärerisches Organ dienen.
Er legte hohen Wert auf die geistige Erziehung der
Gesellschaft, auf die Festsetzung der demokrati-
schen und humanen Prinzipien in ihr. Als Funda-
ment hierfür galt ihm die Aufrichtigkeit anstelle von
Ideologiegebundenheit. Mit unter diesem Gesichts-
punkt veröffentlichte Tvardovskij Mitte 1953 in der
Zeitschrift einen Auszug aus seinem Poem „Ferne
über Fernen", worin er den sogenannten inneren
Redakteur hinterfragte, die, wie man heute sagen
würde, „Schere im Kopf". Und „Aufrichtigkeit in
der Literatur" hieß dann ein programmatischer
Aufsatz von Vladimir Pomeranzev, der Ende 1953
in „Novij mir" erschien.

„Novij mir" versammelte als kritisches Organ die
besten literarischen Kräfte und Talente des Landes
und bot ihnen Publikationsmöglichkeiten. Viele
Schriftsteller konnten hier zum ersten Mal veröffent-
lichen, und auch viele bereits etablierte Schriftsteller
gewannen hier erst ihre Popularität. Die Mehrzahl
von dem, was Tvardovskij zur Veröffentlichung
annahm, blieb literarisch gültig. Autoren wie Was-
silij Schukschin, Jurij Trifonov, Viktor Astafjew,

Fasil Iskander, Wassilij Grossmann oder Tschingis Aitmatov konnten in Novij mir an die Öffentlichkeit treten, obwohl sie den Offiziellen als „Verfälscher der Wirklichkeit, Verleumder und Schwarzmaler" galten. Er entdeckte außerdem Alexander Solschenizyn und kämpfte dafür, dass dessen Erzählung „Ein Tag im Leben des Iwan Denissowitsch" veröffentlicht werden konnte. Aber auch andere Dissidenten wie Viktor Nekrassow oder Lew Kopelew fanden mit der Zeitschrift eine Plattform.

Sowohl Tvardovskijs Tagebücher, die er sein ganzes Leben hindurch führte, als auch sein literarisches Schaffen – mit der inhaltlichen Spannbreite seiner Poeme etwa von „Das Wunderland Muravia", das die Kollektivierung zum Thema hat, bis „Tjorkin im Jenseits", einer Satire auf die sowjetische Realität, die unmenschliche Verhältnisse schuf, und auf den menschenverachtenden Bürokratismus im Allgemeinen – sind ein Spiegel der schwierigen politischen und gesellschaftlichen Verhältnisse in der Zerreißprobe zwischen Doktrin, Zensur und gewagter Freiheit – ein Spannungsfeld, das über die Zeiten und über die Grenzen politischer Systeme hinweg aktuell bleibt.

Im deutschen Sprachraum ist Alexander Tvardovskij einem breiteren Publikum nahezu unbekannt. In der ehemaligen DDR erschien eine bruchstückhafte Auswahl seiner Dichtungen und seiner Prosa, verstreut in Zeitschriften und vereinzelt in Buchausgaben. In der damaligen Bundesrepublik wurde nur ein einziges Buch mit einer minimalen Werkauswahl Tvardovskijs (die etwa keines seiner Poeme enthielt) veröffentlicht. Inzwischen sind diese Publikationen nur noch im Antiquariat zu finden; Neuausgaben oder Neuübersetzungen gab und gibt es unseres Wissens nicht.

Die hier versammelten 40 Gedichte reichen von den 1930er-Jahren bis 1970. Vielleicht gelingt uns durch diese Veröffentlichung, Alexander Tvardovskij in deutscher Sprache bekannter zu machen und größeres Interesse an ihm zu erwecken – auch wenn wir hier nur einen ganz geringen Teil seines literarisches Werkes präsentieren können, der seine Hauptarbeiten, die großen Poeme, ausklammern muss.

Was die Übertragungen der Gedichte angeht, so zielten wir darauf, sie einerseits so wörtlich wie möglich zu halten, andererseits sie durchgängig in gebundener Form zu gestalten. Wir waren bestrebt, uns der Metrik anzugleichen und Reime zu verwenden, wo dies dem Ursprungstext entspricht, da bei einem Gedicht auch die Form einen integralen Bestandteil ausmacht. Leider allerdings vermochten wir die Reime des russischen Originals, um hierbei Zwanghaftigkeit und Sinnverfälschung zu vermeiden, längst nicht alle im Deutschen wiederzugeben. Doch versuchten wir, wenn sich kein Reim finden ließ, möglichst mit lautlichen Anklängen zu arbeiten – wobei auch Tvardovskij dieses Mittel einsetzte; nicht überall reimte er oder tat er es auf ganz strenge Weise. Und wie der Reim bildete für uns ebenso wenig der Anklang ein starres Prinzip; wir rückten davon ab, wenn es uns im Hinblick auf die Übersetzung ins Deutsche dienlicher schien.

(Vgl. zu Tvardovskij und Novij mir u. a.: Lilia Antipow, „...sich im Namen der Freiheit unterjochen lassen." Aleksandr Tvardovskij und die Zeitschrift Novij mir – in: Forum für osteuropäische Ideen- und Zeitgeschichte, 16. Jg. 2012, Heft 1; Juri Burtin, Das Recht auf Gedächtnis. Die Geschichte eines Autors, seines Poems und seiner Zeitschrift – in: Kassek/Rollberg (Hrsg.), Das Ende der Abstraktionen – Provokationen zur Sowjetliteratur, Leipzig 1991; Maik Dornberger, Zeitschrift "Novyj Mir" unter Aleksandr Tvardovskij. Wandel in der Kulturpolitik der Sowjetunion, seine Inhalte und Grenzen – Studienarbeit 2014 im Fachbereich Kulturwissenschaften – Osteuropa, Friedrich-Alexander-Universität Erlangen-Nürnberg (Lehrstuhl Osteuropäische Geschichte); Robert Hotz (Autor u. Hrsg.), Alexander Twardowski – allein der Wahrheit verpflichtet, Bern u. Frankfurt/Main 1972; Valeri Jesipow, Brot und Salz und die Wahrheit Tvardovskijs (russ.) – in: Literaturnaja gazeta Nr. 50, 14.12.2011; Ullrich Schiller, Nach ihm kommen die Funktionäre – in: Die Zeit, Nr. 8, 20.02.1970; Hartmute Trepper, Rückblick: Die Auseinandersetzung um die Zeitschrift „Novyj mir" und ihren Chefredakteur A. Tvardovskij – in: Arbeitspapiere und Materialien / Forschungsstelle Osteuropa, Universität

Bremen, Nr. 1: Sowjetunion, 1991; Valentina Tvardovskaya, Über Tvardovskij – Ms. in russischer Sprache, Archiv V. Tvardovskaya, Moskau); Twarowski – Ende eines Flirts, in: Der Spiegel 9/1970).

Eine umfangreiche Dissertation über Tvardovskij: Lilia Antipow, „Der lange Abschied von der Unmündigkeit. Aleksandr Tvardovskij (1910-1971)", ist bereits fertiggestellt (Universität Bamberg 2018), liegt aber leider noch nicht gedruckt vor.

Irina Tvardovskaya   Matthias Freytag

Valerij Jesipov: Brot und Salz und die Wahrheit Tvardovskijs*

„[...] Zum Hauptereignis [anlässlich Tvardovskijs 100. Geburtstag 2010] wurde zweifellos die Herausgabe zweier Bände der Tagebücher des Dichters, seiner ‚Arbeitshefte', in denen seine Aufrichtigkeit und die Maßstäbe seines Denkens sich offenbaren und in denen sich das Drama der Ideen, für die er kämpfte, enthüllt. [...] In den Sechzigern spürte Tvardovskij, wie wahrscheinlich niemand sonst, die drohenden tektonischen Veränderungen, die in der UdSSR geschehen konnten, wenn Partei und Staat nicht genügend Flexibilität und Weisheit an den Tag legten und, andererseits, wenn die Vertreter eines radikal-nihilistischen Verhältnisses zur Sowjet-Epoche, die neuen russischen Maximalisten, die ständig die Zeitschrift umlagerten, ihren Eifer nicht abkühlten. Maximalismus und Nihilismus waren in Russland sehr lebensfähig – sie sind, das kann man wohl sagen, unserer Kultur immanent und wechseln von Zeit zu Zeit nur ihr Objekt. So war es in den sechziger Jahren, in denen Tvardovskij und seiner Zeitschrift die schwierigste historische Rolle zufiel – die traditionellen russischen Extreme zu zügeln und gleichzeitig Vertreter der für den russischen Menschen ‚unerträglichen' Positionen der zentralen Macht zu sein. [...]

Der hervorragende Historiker und Philosoph Michail Gefter verglich Tvardovskij in seiner Bedeutung mit Puschkin, nannte ihn die größte Figur des russischen 20. Jahrhunderts und sagte voraus, dass er erst im 21. Jahrhundert richtig verstanden werde. Was war damit gemeint? Michail Gefter [...], der erste marxistische Evolutionist und Vertreter sozialdemokratischer Ideen in der UdSSR, sah Tvardovskij ganz klar als einzigartiges Symbol, das die russische Gesellschaft konsolidieren könnte, bei schon damals offensichtlichen Spaltungen und Zerfallserscheinungen. In ihm, und nur in ihm, sah der Philosoph das Ideal der Großen Synthese, die das Beste der jüngsten Vergangenheit mit dem Allermutigsten des Neuen, das an die Tür klopfte, in sich vereinigte. Übersetzt in die rationale Sprache hieße dies, endgültigen Verzicht auf alles Utopische in der Doktrin des ‚Kommunismus' und Einstellung auf seine ‚Selbstveränderung' [...]"

* Nach einem Wort Tvardovskijs ist, die Wahrheit zu vertreten, das Wichtigste, auch wenn sie schmerzt.

Übersetzter Auszug aus Jesipovs Artikel „Хлеб-соль и правда Твардовского"
in: Literaturnaja Gazeta Nr. 50, 14.12.2011
http://www.lgz.ru/article/N50--6350---2011-12-14-/Hl%D0%B5b-soly-i-pravda-Tvardovskogo17873/

Утро

Кружась легко и неумело,
Снежинка села на стекло.
Шел ночью снег густой и белый –
От снега в комнате светло.

Чуть порошит пушок летучий,
И солнце зимнее встает.
Как каждый день – полней и лучше,
Да будет лучше новый год.

И дней, что отмечают люди,
Часов таких, как этот час, –
При нас с тобою много будет
И много-много – после нас...

(1935)

Morgenstunde

Schneeflöckchen, taumelnd leicht sich drehend,
Ließ sich am Fenster nieder, dicht
Und weiß die ganze Nacht es schneite –
Vom Schnee erscheint das Zimmer licht.

Es schneit ganz sachte, Daunenfedern,
Die Wintersonne steht nun auf.
Wie jeder Tag – erfüllter, besser,
Im neuen Jahr noch bessrer Lauf.

Und Tage, festlich zu begehen
Und Stunden, so wie diese doch –
Es wird noch viele für uns geben
Und viele, viele – nach uns noch...

(1935)

Дождь надвигается внезапный,
Ты выбегаешь на дорожку,
Чтоб воротиться с первой каплей,
Зажатой в смуглую ладошку.

В игре, в забавах хлопотливых,
Моя веселая, родная,
Растешь ты шумно и счастливо,
О том не думая, не зная.

Ты по траве гоняешь мячик,
На плечи мне влезаешь ловко.
И пахнет солнышком горячим
Светловолосая головка.

О детстве горьком, захолустном
Я вспоминаю потихоньку
И чуть завистливо, чуть грустно
Смотрю на милую девчонку.

Целую русую без счета,
Запорошенную песочком.
И все хочу тебе я что-то
Сказать, но не умею, дочка.

(1936)

Auf einmal nähert sich der Regen,
Du rennst aufs Sträßchen schon nach draußen
Und kehrst, gedrückt ins braune Händchen
Die ersten Tropfen, dann nach Hause.

Im Spiel, ganz sorglich und geschäftig,
Du meine Fröhliche und Liebste,
So wächst du lärmend auf und glücklich,
Und denkst nicht dran und musst's nicht wissen.

Du rollst im Grase hin das Bällchen,
Im Schulterklettern bist erfahren.
Und riecht nach heißen Sonnenstrählchen
Dein Köpfchen mit den hellen Haaren.

An bittre Kindheit, fernab schaurig,
Daran erinnr' ich mich allmählich,
Ein wenig neidvoll und auch traurig
Seh ich das niedlich-liebe Mädchen.

Und küsse, und ich ende nimmer,
Dein Haar, das fein bestäubt vom Sand ist.
Und möchte immer etwas, immer
Dir sagen, Töchterchen, doch kann's nicht.

(1936)

Рожь, рожь... Дорога полевая
Ведет неведомо куда.
Над полем низко провисая,
Лениво стонут провода.
Рожь, рожь – до свода голубого,
Чуть видишь где-нибудь вдали,
Ныряет шапка верхового,
Грузовичок плывет в пыли.
Рожь уходилась. Близки сроки,
Отяжелела и на край
Всем полем подалась к дороге,
Нависнула – хоть подпирай.
Знать, колос, густо начиненный,
Четырехгранный, золотой,
Устал держать пуды, вагоны,
Составы хлеба над землей.

(1939)

Rings Roggen, Roggen, und ein Feldweg
Führt, niemand weiß, zu welchem Ziel.
Und überm Feld die Leitungsdrähte,
In Bögen hängend, stöhnen leis.
Rings Roggen, Roggen – bis zum Himmel,
In weiter Ferne, sichtbar kaum,
Taucht Reitersmütze auf und nieder,
Ein kleiner Laster schwimmt im Staub.
Rings Roggen, mehr als reif zur Ernte,
Ward schwer und drängt bis an den Rand
Zum Weg hin mit dem ganzen Felde,
Hängt über – müsst' man stützen fast.
Denn müde ist die volle Ähre –
Vierkantig fest und wie von Gold –,
Emporzuhalten von der Erde
Die Puds, Waggons, die Züge Brots.

(1939)

Когда ты летишь
Поутру на работу,
С земли своего
Узнают по полету.

По крыльям знакомым,
По звуку мотора
Тебя узнают
На дороге шоферы.

Тебя провожают
Колхозницы в поле
Напутственным словом:
Лети, наш соколик.

Лети, наш родимый,
На славу сражайся,
Живой, невредимый
Домой возвращайся...

И, спинкой мелькнув
Меж подсолнухов голой,
Бежит на задворки
Трехлетний Микола.

По грядкам бежит,
Спотыкаясь, мальчонка,
Он машет тебе
Загорелой ручонкой.

Он долго и жадно
Следит за тобой,
Он тоже тебя
Посылает на бой.

А там, за рекой,
За крутым поворотом,
Тебя уже видит
Родная пехота.

И лица усталые
Сразу моложе,
И если б ты слышал,
Услышал бы тоже:

Наш славный товарищ,
За взгорком враги.
До них подобраться
Ты нам помоги.

Хвати их фугасом
По каскам литым.
Мы лишнего часа
Им жить не дадим.

Спасибо, товарищ,
За помощь в бою,
Спасибо, родной,
За работу твою...

И вот, развернувшись,
Летишь ты обратно.
Машина работает
Ровно и внятно.

И вот под тобою –
Прибрежные села,
И щурится, глядя
Под солнце, Микола.

Кричит с огорода:
– Ой, баба, ой, мама,
Бегите, глядите –
Тот самый, тот самый!..

(1941)

Wenn du am Morgen
Zum Tagewerk losfliegst,
Erkennen die unten
Am Flug dort den Ihren.

Am Anblick der Flügel,
Am Klingen des Motors
Erkennen gleich dich
Vom Weg aus die Fahrer.

Die Kolchosbäurinnen
Vom Feld aus dir nachsehn,
Ihr Gruß dich begleitet:
Flieg los, unser Fälkchen.

Flieg los, unser Liebster,
Erkämpfe dir Ehre,
Gesund und lebendig
Zurück zu uns kehre…

Durch Sonnblumen nackt,
Und blinkenden Rückleins,
Zum Hinterhof hin läuft,
Drei Jahr' alt, Mikòla.

Läuft über Beete
Und stolpernd das Bübchen,
Er winkt dir, wedelt
Mit lichtbraunem Händchen.

Er folgt dir mit Augen
Begierig und lang.
Auch der da, er schickt
Dich los in den Kampf.

Und hinter dem Fluss,
Nach plötzlicher Biegung,
Erblicken bereits dich
Die Heimat-Verbände.

Und müde Gesichter
Gleich jünger aussehen
Und könntest du hören,
Du würdest verstehen:

Du tapfrer Gefährte,
Der Feind hinterm Hügel.
Dass wir uns ihm nähern,
Gib uns Unterstützung.

Schlag sie mit den Bomben
Auf stählerne Helme,
Wir lassen kein Stündchen
Noch länger sie leben.

Sei Dank, Kamerad, dir
Für Hilfe im Kampfe,
Dir Teurem sei Dank
Hier für deine Taten…

Dann wendest du um und
Du fliegst zurück jetzt;
Es läuft die Maschine
Ganz ruhig und vernehmlich.

Und unter dir wieder
Die Dörfer am Ufer.
Ins Sonnenlicht blinzelnd
Hinaufguckt Mikòla.

Er kreischt aus dem Garten:
He, Oma, he, Mama,
Kommt her doch, schaut her doch –
Das ist er, das ist er…!

(1941)

С любовью, с нежностью примерной
Сестры иль матери родной
Был этот ящичек фанерный
Отправлен женщиной одной.

В письме без штемпелей и марок
Она писала заодно,
Что посылает свой подарок
Бойцу. Какому? Все равно...

И на войне, вдали от дома,
Мне почему-то сразу вдруг
Напомнил почерк незнакомый
Тепло твоих родимых рук.

И очертанья каждой жилки,
Что были так привычны мне.
И радость маленькой посылки
Я ощутил вдвойне, втройне.

И я подумал, что, наверно,
И ты, как водится оно,
Отправишь ящичек фанерный
Бойцу. Какому? Все равно...

В пыли, в дыму передних линий
К машине почты полевой
Придет он, весь в засохшей глине,
Чтоб получить подарок твой.

Пять раз, взволнованный до пота,
Твое письмо он перечтет.
И улыбнется, вспомнив что-то,
И губы черные утрет.

И вновь пойдет, – я это знаю, –
Поверь, жена, невеста, мать,
Поверь, страна моя родная, –
Еще храбрее воевать!

(1941)

Mit vorbildlicher zarter Liebe
Der eignen Schwester, Mutter ward
Dies Kästchen, das gemacht aus Sperrholz,
Hierher gesandt von einer Frau.

In einem Brief, der ohne Stempel
Und Briefmarken, schrieb sie dazu,
Dass sie geschickt hat ihre Gabe
Dem Krieger. Welchem? – ist ganz gleich.

Im Krieg und fern hier von zu Hause
Erinnerte mich irgendwie
Ganz plötzlich diese fremde Handschrift
An deine Hände, traut und warm –

An all die Linien jeder Ader,
Sie waren doch mir so gewohnt.
Und über diese kleine Sendung
War doppelt ich und dreifach froh.

Und dachte, dass auch du, wahrscheinlich,
Wie das jetzt allgemein der Brauch,
Ein Kästchen schickst, gemacht aus Sperrholz,
Dem Krieger. Welchem? – ist ganz gleich.

Im Staub, im Rauch der vordern Linien
Zum Wagen, der die Feldpost bringt,
Wird er, von Lehm verkrustet, kommen,
Damit er dein Geschenk erhält.

Ganz aufgeregt, bis ihm der Schweiß tropft,
Liest fünfmal neu er deinen Brief.
Und lächelt, weil ihm etwas einfällt,
Und wischt die schwarzen Lippen sich.

Und wieder geht er dann – ich weiß das –
Ja, glaub es, Mutter, Braut und Frau,
Ja, glaub's mein Land, du meine Heimat,
Noch tapfrer geht er in den Kampf.

(1941)

(Aus den Arbeitsheften)

Горят города на пути этих полчищ,
Разрушены села, потоптана рожь.
И всюду поспешно и жадно, по-волчьи,
Творят эти люди разбой и грабеж...

...Ты, серый от пепла сожженных селений,
Над жизнью навесивший тень своих крыл,
Ты, ждавший, что мы поползем на коленях, —
Не ужас, но ярость ты в нас пробудил...

...Пускай до последнего часа расплаты,
До дня торжества, недалекого дня –
И мне не дожить, как многим ребятам,
Что были нисколько не хуже меня.

Я долю свою по-солдатски приемлю,
Ведь если бы смерть выбирать нам, друзья,
То лучше, чем смерть за родимую землю,
И выбрать нельзя.

(1941)

Brennen Städte auf dem Wege dieser Horden,
Dörfer sind zerstört, zermalmt das Korn zu Staub.
Überall, voll Hast und voller Gier, wie Wölfe,
Bringen diese Leute Plünderung und Raub…

…Du, von Asche grau all der verbrannten Dörfer,
Schatten deiner Schwingen, der das Leben deckt,
Du, der wartet, dass wir auf den Knien kriechen,
Hast nicht Schrecken, sondern Wut in uns erweckt.

…Ob bis hin zur Abrechnung der letzten Stunde,
Bis zum Tage des Triumphs, nicht fernen Tags,
Wie so viele von den Jungs auch ich nicht lebe,
Deren keiner schlechter war als ich doch – mag's!:

Was mir zugedacht, werd ich soldatisch tragen,
Wahrlich, Freunde, wenn den Tod wir wählten, dann:
Etwas Bessres, als fürs Heimatland zu sterben,
Niemand wählen kann.

(1941)

(Aus den Arbeitsheften)

Есть закон служить до срока,
Служба – труд, солдат – не гость.
Есть отбой – уснул глубоко,
Есть подьем – вскочил, как гвоздь.
Есть война – солдат воюет,
Лют противник – сам лютует.
Есть сигнал – вперед – вперед,
Есть приказ – умри – умрет.

Без приказа и сигнала,
Скажем только, наш солдат
Города сдавал сначала,
Но теперь берет назад...

(1943)

Ist Gesetz: die Frist zu dienen,
Dienst – ist Dienst, Soldat – kein Gast.
Zapfenstreich – und tief er einschläft,
Wecksignal – wie Nagel *auf*!
Und ist Krieg – Soldat macht Krieg.
Gegner grimmig – grimmig selbst.
Signal vorwärts – vorwärts dann,
Sagt Befehl ihm: stirb – er stirbt.

Ohn' Befehle und Signale,
Sagen wir bloß, der Soldat
Gab zuerst zwar auf die Städte,
Doch jetzt holt er sie zurück.

(1943)

(Aus den Arbeitsheften)

Да разве та война страшна,
что прежде – честь по чести:
Солдат воюй, жена горюй,
Сиди с детьми на месте.

Нет, все не так как в старину,
Все нынче по-иному:
Ушел хозяин на войну,
Сама беги из дому.

Мужьям, быть может, невдомек,
Что тут война к их женам
Уже ломится на порог
И окна бьет со звоном.

(1943)

Und war denn schrecklich jener Krieg,
Der einst auf Ehre baute:
Soldat, du kämpfe, traure, Frau,
Bleib da, dort bei den Kindern.

Nein, nichts mehr wie in alter Zeit,
Ist alles anders heute:
Zog in den Krieg der Hausherr fort,
Verlass das Haus auch selber.

Der Mann begreift vielleicht noch nicht,
Dass jetzt der Krieg bei seiner Frau
Schon einbricht und hier mit Geklirr
Die Fenster alle einschlägt.

(1943)

(Aus den Arbeitsheften)

Берлин

Не в самый полдень торжества
Приходят лучие слова...

И сердцу радостно и страшно
Себя доверить той строке,
В которой лозунг наш вчерашний
Сегодня – ноша на штыке.

Отчизна, мать моя, сурово
Не осуди, я слов ищу,
И я лишь первые два слова
Об этом празднике пишу.

Я их сложил, как мог, в минуты
Волненья, что лишают слов,
Когда гремел салют салютов
Из всех, какие есть, стволов.

С твоими равными сынами
Я плакал теми же слезами,
Слезами радости, твой сын.
Берлин, о Родина, за нами,
Берлин, товарищи, Берлин!

(1945)

Berlin

Am selben Mittag des Triumphes,
Da kommen nicht die besten Worte.

Das Herz erfreut es und erschreckt es,
Sich jener Zeile zu vertraun,
In der von gestern unsre Losung
Heut lastet auf dem Bajonett.

Beurteil, Heimat, meine Mutter,
Nicht streng, wie ich nach Worten such
Und über diese Feier schreibe
Nur grade mal die ersten zwei.

Ich fügte sie, wie ich's vermochte,
Vor Aufregung des Worts beraubt,
Als der Salut scholl der Salute
Aus allen Rohren, jedem Lauf.

Mit deinen Söhnen, die dir gleichen,
Dieselben Tränen musste weinen,
Der Freude Tränen, ich, dein Sohn.
Berlin, o hinter uns die Heimat,
Berlin, Kameraden, Berlin!
(1945)

Перед войной, как будто в знак беды.
Чтоб легче не была, явившись в новости,
Морозами неслыханной суровости
Пожгло и уничтожило сады.

И тяжко было сердцу удрученному
Средь буйной видеть зелени иной
Торчащие по-зимнему, по-черному
Деревья, что не ожили весной.

Под их корой, как у бревна отхлупшею,
Виднелся мертвенный коричневый нагар.
И повсеместно избранные, лучшие
Постиг деревья гибельный удар.

Прошли года. Деревья умерщвленные
С нежданной силой ожили опять,
Живые ветки выдали зеленые...

Прошла война. А ты все плачешь, мать.

(1945)

Noch vor dem Krieg, wie ein Omen der Not,
Damit in der Nachricht sie nicht leichter wäre,
Verbrannten durch die ungeheuere Stärke
Der Fröste die Gärten, bis auf den Tod.

Und schwer war's dem niedergedrückten Herzen,
Zu sehn vom üppigen übrigen Grün
Sich abhebend die, wie im Winter noch, Schwärzen
Der Bäume, für die kein Frühling erschien.

Und unter der Rinde, vom Stamm wie geschälte,
Das Tote, das bräunlich Verbrannte offen lag.
Und überall traf die Bäume, ausgewählte,
Die besten traf voll Verhängnis der Schlag.

Verging viel Zeit, die Bäume, die tot schon, zeigten
Erstaunliche Kraft und erstanden doch
Wie neu, mit lebenserfüllten grünen Zweigen…

Vorbei der Krieg. Und, Mutter, *du* weinst – noch.

(1945)

Я убит подо Ржевом

Я убит подо Ржевом,
В безымянном болоте,
В пятой роте, на левом,
При жестоком налете.

Я не слышал разрыва,
Я не видел той вспышки, –
Точно в пропасть с обрыва –
И ни дна ни покрышки.

И во всем этом мире,
До конца его дней,
Ни петлички, ни лычки
С гимнастерки моей.

Я – где корни слепые
Ищут корма во тьме,
Я – где с облачком пыли
Ходит рожь на холме;

Я – где крик петушиный
На заре по росе;
Я – где ваши машины
Воздух рвут на шоссе;

Где травинку к травинке
Речка травы прядет, –
Там, куда на поминки
Даже мать не придет.

Подсчитайте, живые,
Сколько сроку назад
Был на фронте впервые
Назван вдруг Сталинград.

Фронт горел, не стихая,
Как на теле рубец,
Я убит и не знаю,
Наш ли Ржев наконец?

Удержались ли наши
Там, на Среднем Дону?..
Этот месяц был страшен,
Было все на кону.

Неужели до осени
Был за ним уже Дон,
И хотя бы колесами
К Волге вырвался он?

Нет, неправда, задачи
Той не выиграл враг!
Нет же, нет! А иначе
Даже мертвому – как?

И у мертвых, безгласных,
Есть отрада одна:
Мы за родину пали,
Но она – спасена.

Наши очи померкли,
Пламень сердца погас,
На земле на поверке
Выкликают не нас.

Нам свои боевые
Не носить ордена.
Вам – все это, живые.
Нам – отрада одна:

Что недаром боролись
Мы за родину-мать.
Пусть не слышен наш голос, –
Вы должны его знать.

Вы должны были, братья,
Устоять, как стена,
Ибо мертвых проклятье –
Эта кара страшна.

Это грозное право
Нам навеки дано, –
И за нами оно –
Это горькое право.

Летом, в сорок втором,
Я зарыт без могилы.
Всем, что было потом,
Смерть меня обделила.

Всем, что, может, давно
Вам привычно и ясно,
Но да будет оно
С нашей верой согласно.

Братья, может быть, вы
И не Дон потеряли,
И в тылу у Москвы
За нее умирали.

И в заволжской дали
Спешно рыли окопы,
И с боями дошли
До предела Европы.

Нам достаточно знать,
Что была, несомненно,
Та последняя пядь
На дороге военной.

Та последняя пядь,
Что уж если оставить,
То шагнувшую вспять
Ногу некуда ставить.

Та черта глубины,
За которой вставало
Из-за вашей спины
Пламя кузниц Урала.

И врага обратили
Вы на запад, назад.
Может быть, побратимы,
И Смоленск уже взят?

И врага вы громите
На ином рубеже,
Может быть, вы к границе
Подступили уже?

Может быть... Да исполнится
Слово клятвы святой! –
Ведь Берлин, если помните,
Назван был под Москвой.

Братья, ныне поправшие
Крепость вражьей земли,
Если б мертвые, павшие
Хоть бы плакать могли!

Если б залпы победные
Нас, немых и глухих,
Нас, что вечности преданы,
Воскрешали на миг, –

О, товарищи верные,
Лишь тогда б на войне
Ваше счастье безмерное
Вы постигли вполне.

В нем, в том счастье, бесспорная
Наша кровная часть,
Наша, смертью оборванная,
Вера, ненависть, страсть.

Наше все! Не слукавили
Мы в суровой борьбе,
Все отдав, не оставили
Ничего при себе.

Все на вас перечислено
Навсегда, не на срок.
И живым не в упрек
Этот голос наш мыслимый.

Братья, в этой войне
Мы различий не знали:
Те, что живы, что пали, –
Были все наравне.

И никто перед нами
Из живых не в долгу,
Кто из рук наших знамя
Подхватил на бегу,

Чтоб за дело святое,
За Советскую власть
Так же, может быть, точно
Шагом дальше упасть.

Я убит подо Ржевом,
Тот еще под Москвой,
Где-то, воины, где вы,
Кто остался живой?

В городах миллионных,
В селах, дома, в семье?
В боевых гарнизонах
Не на нашей земле?

Ах, своя ли, чужая,
Вся в цветах иль в снегу...
Я вам жить завещаю, –
Что я больше могу?

Завещаю в той жизни
Вам счастливыми быть
И родимой отчизне
С честью дальше служить.

Горевать – горделиво,
Не клонясь головой,
Ликовать – не хвастливо
В час победы самой.

И беречь ее свято,
Братья, счастье свое –
В память воина-брата,
Что погиб за нее.

(1945/1946)

Ich bin bei Rschew gefallen

Ich bin bei Rschew gefallen,
In Sümpfen ohne Namen,
In Rotte Fünf, zur Linken,
Schrecklich zu Luft sie kamen.

Ich hörte nicht das Donnern,
Sah keine Blitze toben –
Wie jählings in den Abgrund,
Kein unten mehr und oben.

Bis an der Tage Ende
Gibt's hier auf Erden kein
Knopflöchlein mehr, kein Litzchen
Der Feldbluse, einst mein.

Ich – wo im Dunkeln suchen
Nach Nahrung Wurzeln blind;
Ich – wo auf Hügeln stäubend
Der Roggen geht im Wind.

Ich – wo der Hahn im Frühtau,
Den Morgen grüßt mit Krähn.
Ich – wo durch eure Wagen
Die Luft reißt auf Chausseen.

Wo Hälmchen hin zu Hälmchen
Der Fluss die Gräser flicht, –
Wohin zum Angedenken
Kommt auch die Mutter nicht.

Ihr Lebenden, nun rechnet:
Wie lang ist's her, da hat
Man an der Kampffront erstmals
Gehört von Stalingrad.

Die Front ohn' Ende brannte,
Wie Körper, wundenheiß.
Ich fiel, und Rschew – ob's unser
Nun endlich sei, nicht weiß.

Ob dort, am mittlern Don, wohl
Die Unsren hielten stand?
War furchtbar dieser Monat,
Stand alles Kant' auf Kant'.

Ist's wahr, noch vor dem Herbst lag
Der Don schon hinter ihm,
Und seine Räder brachen
Ihm Bahn zur Wolga hin?

Nein, nicht so, war dem Feinde
Die Aufgabe zu schwer!
Das *doch* nicht! Und wenn anders,
Den Toten selbst! Was wär?

Die Toten, die Stimmlosen,
Wie freuen sich auch die:
Gefallen für die Heimat
Sind wir – gerettet *sie*.

Erlosch des Herzens Feuer,
Und unser Augenlicht,
Uns beim Appell auf Erden
Aufrufen wird man nicht.

Wir tragen nicht die Orden
Für unsre Tapferkeit.
Euch Lebenden – dies alles.
Und uns – nur eines freut:

Dass nicht für unsre Heimat
Vergeblich kämpften wir.
Obwohl wir ohne Stimme, –
Müsst doch sie kennen ihr.

Ihr solltet, Brüder, dastehn
Wie eine Mauer stark,
Der Fluch der Toten – furchtbar
Trifft sonst er euch ins Mark.

Für immer uns gegeben
Ist dieses droh'nde Recht,
Und hinter uns steht eben
Dies, unser bittres Recht.

Im Sommer zweiundvierzig
Begraben ohne Grab,
Ließ mich der Tod versäumen
All das, was noch es gab.

Mit allem, was vielleicht euch
Schon längst gewohnt und klar,
Doch mög' es unserm Glauben
Sein wie ein Zwillingspaar.

Vielleicht auch, Brüder, gabt ihr
Den Don nicht aus der Hand.
Und Moskau wahrend starbt ihr
In seinem Hinterland.

Und Schützengräben grubt ihr
Jenseits der Wolga Raum
Und mit den Kämpfen kamt ihr
Bis an Europas Saum.

Uns reicht es schon zu wissen,
Dass ohne Zweifel dies
Dem Weg für die Soldaten
Der letzte Fußbreit hieß.

Der letzte Fußbreit, ließe
Man ihn auch noch – dann Schluss,
Wär weiter rückwärts nirgends
Ein Platz mehr für den Fuß.

Die letzte tiefe Linie,
Dahinter das Fanal
Der Feuer euch im Rücken,
Der Schmieden des Ural.

Und habt zurück den Feind ihr
Nach Westen umgelenkt;
Gar, brüderlich vereint ihr,
Erobert schon Smolensk?

Und schlagt den Feind darnieder
Am andern Rand, vielleicht
Habt ihr, an seine Grenze
Zu kommen, fast erreicht.

Vielleicht… dass sich erfülle
Der heilige Schwur! Da hin!
Ihr wisst's doch, wie bei Moskau
Der Name fiel: Berlin.

O die ihr brecht die Härte
Des Feindeslandes, wenn
Doch Weinen möglich wäre
Noch den Gefallenen.

Wenn uns, die stumm und taub wir,
Dann der Salut zum Sieg,
Uns, ewig Tote, weckte
Für einen Augenblick, –

Ihr treuen Kameraden,
Wie euch im Krieg betrifft
Ein grenzenloses Glück, ihr
Erst dann so recht begrifft.

An *dem* Glück unbestritten
Hat Anteil unser Blut,
Von uns, was todgebrochen:
Der Glaube, Hass und Glut.

Ist alles unser! Glaubt es,
Wir haben Hieb auf Hieb,
Im Kampfe uns verausgabt,
Bis nichts mehr bei uns blieb.

Ist alles euch vereignet.
Auf ewig, und sei nicht
Zum Vorwurf unsre Stimme,
Die hier im Geiste spricht.

Brüder, in diesem Kriege,
Nicht unterschieden wir
Die Lebenden und Toten,
Gleich waren wir und ihr.

Und niemand etwas schuldet
Uns Frühren, wer im Lauf
Die Fahne, sie erhaltend
Aus unsrer Hand, fing auf,

Und für die heil'ge Sache,
Für die sowjetische Macht
Vielleicht nach *einem* Schritt nur
Auch so zu Fall gebracht.

Ich bin bei Rschew gefallen,
Bei Moskau jener. Doch
Seid irgendwo ihr, Krieger,
Und wer am Leben noch?

In all den großen Städten,
In Dorf, Familie und
Auch nicht in unserm Lande,
In fremdem Kampfverbund?

Ach, Unsre oder Fremde,
In Blumen oder Schnee…
Ich trag euch auf: zu leben, –
Was kann ich mehr tun je?

Trag auf euch, hier im Leben
Glücklich zu sein und der
Geliebten Heimat weiter
Zu dienen stets mit Ehr'.

Im Trauern – stolz, nicht beugen
Das Haupt, und selbst auch bei
Der Siegesstunde Jubel
Kein eitles Prahlen sei.

Und heilig, Brüder, hütet
Dies Glück, das euch geschenkt –
Und so des Krieger-Bruders,
Der dafür starb, gedenkt.

(1945/1946)

Беда откроется не вдруг,
Она сперва роднится с вами
Как неизбежный недосуг
За неотложными делами.

Дела, дела, дела, дела –
Одно, другое руки вяжет.
Их слава жизни придала –
А славу надобно уважить.

Дела зовут туда, сюда,
И невдомек еще поэту,
Что это исподволь беда
Пришла сживать его со свету.

(1947)

Die Not sich nicht auf einmal zeigt,
Sucht freundlich sich an euch zu hängen,
Wie Mangel sich an Zeit einschleicht,
Wenn wichtige Geschäfte drängen.

Geschäfte halten nun auf Trab,
Geschäfte alles Handeln lenken.
Ihr Ruf und Ansehn Leben gab –
Und Ruhm auch sollte man bedenken.

Geschäfte rufen da und da,
Noch kann's der Dichter nicht recht glauben,
Es kam, bevor er sie noch sah,
Die Not, dem Leben ihn zu rauben.

(1947)

Признание

Я не пишу давно ни строчки
Про малый срок весны любой;
Про тот листок из зимней почки,
Что вдруг живет, полуслепой;
Про дым и пух цветенья краткий,
Про тот всегда нежданный день,
Когда отметишь без оглядки,
Что отошла уже сирень;
Не говорю в стихах ни слова
Про беглый век земных красот,
Про запах сена молодого,
Что дождик мимо пронесет,
Пройдясь по скошенному лугу;
Про пенье петушков-цыплят,
Про журавлей, что скоро к югу
Над нашим летом пролетят;
Про цвет рябиновый заката,
Про то, что мир мне все больней,
Прекрасный и невиноватый
В утрате собственной моей;
Что доля мне теперь иная,
Иной, чем в юности, удел, –
Не говорю, не сочиняю.
Должно быть – что ж? – помолодел!

Недаром чьими-то устами
Уж было сказано давно
О том, что молодость с годами
Приходит. То-то и оно.

(1951)

Geständnis

Ich schreibe längst nicht mehr in Versen
Davon, wie kurz die Lenze sind,
Wie aus den Knospen da ein Blättchen
Auf einmal auflebt, halb noch blind;
Wie kurz der Blüte Rauch und Flaum weht,
Wie unerwartet stets der Tag,
Wenn dir ganz unwillkürlich aufgeht,
Dass schon der Flieder schwand; und sag
Kein Wort davon mehr in Gedichten,
Wie kurz irdische Schönheit währt,
Davon, wie frischen Heues Düfte
Ein Regenschauer zu dir trägt,
Der hinging durch gemähte Wiesen;
Von Hähnchenkükens Singen, von
Den Kranichen, die südwärts fliegen
Bald über unsern Sommer schon;
Von vogelbeerner Abendstunde
Und davon, wie stets mehr die Welt
Mich schmerzt, so schön und unverschuldet
An dem, was als Verlust mich quält;
Dass anders jetzt mein Los, verschieden
Von dem der Jugend, Schicksal halt –
Ich will's nicht sagen und bedichten.
Es scheint – ja wie? Nicht mehr so alt!

Umsonst nicht ist aus anderm Munde
Seit langem schon die Kunde da,
Dass mit den Jahren erst die Jugend
Auftaucht. Genau das ist es ja.

(1951)

Час рассветный подьема,
Час мой ранний люблю.
Ни в дороге, ни дома
Никогда не просплю.

Для меня в этом часе
Суток лучшая часть:
Непочатый в запасе
День, а жизнь началась.

Все под силу задачи,
Всех яснее одна.
Я хитер, я богаче
Тех, что спят допоздна.

Но грустнее начало
Дня уже самого,
Мне все кажется, мало
Остается его.

Он поспешно убудет,
Вот и на бок пора.
Это молодость любит
Подлинней вечера.

А потом, хоть из пушки
Громыхай под окном.
Со слюной на подушке
Спать готова и днем.

Что, мол, счастье дневное –
Не уйдет, подождет.
Наше дело иное,
Наш скупее расчет.

И другой распорядок
Тех же суток у нас.
Так он дорог, так сладок,
Ранней бодрости час.

(1955)

Aufstehn im Frühgrau, meine
Frühmorgenstunde, die
Ich liebe – wo's auch sein mag,
Verschlafe ich sie nie.

Ist diese Zeit des Tages
Sein bester Teil für mich:
Unendlich groß sein Vorrat,
Und regt das Leben sich.

Was nur zu tun, ist machbar,
Und eins da sowieso.
Bin schlau, bin reich vor andern,
Im Bett bis ultimo.

Doch ist allein schon traurig,
Wenn neu ein Tag beginnt.
So wenig scheint mir's immer,
Was nicht mit ihm verrinnt.

Er schwindet hin in Eile,
Schon ist es Schlafenszeit.
Die Jugend dehnt den Abend
Gern bis zur Ewigkeit.

Selbst wenn dann unterm Fenster
Kanonendonnerschlag,
Mit Speichel auf dem Kissen
Schläft gern sie auch am Tag.

Sie meint, das Glück des Tages
Sei auch noch später da.
Steht anders unsre Sache,
Wir rechnen geizig, ja.

Wir geben andre Ordnung
Der gleichen Tagesfrist.
So wertvoll, süß die Stunde
Des frühen Wachseins ist.

(1955)

Ни ночи нету мне, ни дня,
Ни отдыха, ни срока:
Моя задолженность меня
Преследует жестоко.

У стольких душ людских в долгу,
Живу, бедой объятый:
А вдруг сквитаться не смогу
За все, что было взято!

За то добро, за то тепло,
Участье и пристрастье,
Что в душу мне от них вошло,
Дало изведать счастье.

Сдается часом: заплачу,
Покрою все до строчки;
А часом: нет, не по плечу,
И вновь прошу отсрочки.

И вновь становятся в черед
Сомненье, сил упадок.
Беда! А выйду на народ:
– Ну как? – Бодрюсь: – Порядок...

И устаю от той игры,
От горького секрета,
Как будто еду до поры
В вагоне без билета.

Как будто я какой злодей,
Под страхом постоянным,
Как будто лучших я друзей
К себе привлек обманом.

От мысли той невмоготу,
И тяжелей усталость.
Вот подведут они черту,
И – вдруг – один останусь.

И буду сам себе ровня,
Один, в тоске глубокой.
Ни ночи нету мне, ни дня,
Ни отдыха, ни срока.

За что же мне такой удел,
Вся жизнь – из суток в сутки?

...А что ж ты собственно хотел?
Ты думал: счастье – шутки?

(1955)

Gibt weder Nacht für mich noch Tag,
Erholung nicht und Fristen:
Verfolgt mich meine Schuldenlast
Und will mich niederzwingen.

Ich lebe ganz von Not umfasst,
So vielen Seelen schuldig.
Und wenn ich *nicht* bezahlen kann,
Was da genommen wurde!

Dies Gute, diese Wärme, die
Mich herzenden Gefühle,
Was in die Seele einging mir
Von ihnen und beglückte…

Mal scheint's, dass ich bezahl'
Und bis zum Strich begleiche;
Dann wieder schultr'ich nicht die Last
Und neu um Aufschub bitte.

Und wieder an der Reihe sind
Die Zweifel, Schwund der Kräfte
Weh! Wenn ich unter Leuten bin,
Dann: Na, wie geht's? – Oh, bestens.

So müde bin ich dieses Spiels,
Des bitteren Geheimnis',
Als ob, bis dann der Krug zerbricht,
Ich ohne Ticket reise.

Wie irgend so ein Bösewicht
Leb ich in Ängsten immer,
Als ob die besten Freunde ich
Zu mir gelockt mit Listen.

Von dem Gedanken größter Schmerz,
Die Müdigkeit noch schwerer.
Da setzen sie den Punkt. Allein,
Ganz plötzlich, werd ich bleiben.

Und bleib allein, mir selber gleich,
In tiefen Kümmernissen.
Gibt weder Nacht noch Tag für mich,
Erholung nicht und Fristen.

Und solch ein Schicksal mir, wodurch,
Das ganze Leben, alle Tage…?

„…Was war dein Wunsch denn? Dachtest du:
Einfach das Glück – zum Spaß nur?"

(1955)

Я полон веры несомненной,
Что жизнь – как быстро ни бежит, –
Она не так уже мгновенна
И мне вполне принадлежит.

Со всем ее живым и сущим
Отрадным светом и теплом,
С ее прошедшим и грядущим
Добром и горьким недобром.

Она дала мне дней задаток,
Ну что же, в дело обратим,
И как тот малый срок ни краток –
Он от нее неотделим:
Ои ей самой необходим.

(1957)

Ich glaube fest daran, das Leben
Sei nicht nur – läuft's auch rasch vorbei –
Dem Flüchtigen anheimgegeben,
Und dass es ganz mein eigen sei.

Mit seinem Licht – dies wahre, warme,
Voll Freude, das dem Leben frommt –
Mit Gutem und mit bittrem Harme,
Was schon gewesen und noch kommt.

Es gab mir für die Tage Vorschuss.
Nun auf denn, setz ihn um in Tat,
Wie kurz der kurze Weg bis Torschluss –
Das hängt zusammen ohne Naht:
Auf *ihm* nur läuft des Lebens Rad.

(1957)

Ты и я

Ты поздно встал, угрюм и вял,
И свет тебе не мил.
А я еще зарю застал
И с солнцем в день вступил.

К тебе, несвежему со сна,
Никто не подходи.
А мне на редкость жизнь красна
И – радость впереди.

Я утро на день запасал,
Его вбивая в грудь.
Теперь за стол, как за штурвал,
И снова – в дальний путь.

Тебе в унынье не понять,
Как полон мир красы,
Как стыдно попусту терять
Заветные часы.

И все тебе нехороши.
И сам ты нехорош:
Мол, хоть пиши, хоть не пиши –
И так, и так умрешь.

И все вокруг – до тошноты,
Все повод для нытья...
Как горько мне, как жаль, что ты –
Ведь это – тоже я.

Я все твои ношу в себе
Повадки и черты.
Еще спасибо той судьбе,
Что я – не просто ты;

Что я – в тебе таком – не весь
Отнюдь, – скажу любя:
Я – это я, каков я есть,
За вычетом тебя.

(1957/1958)

Du und ich

Du: spät erst, träg und mürrisch auf,
Das Licht nicht nett zu dir.
Ich kam noch mit der Sonne raus,
Trat in den Tag mit ihr.

Dir niemand jetzt begegnen soll,
Vom Schlafe unerquickt.
Das Leben leuchtet *mir* so rot,
Und – vor mir Freude liegt.

Schlug in die Brust mir für den Tag
Den Morgenvorrat ein:
Zum Tisch dann wie ans Steuerrad,
Auf weitem Wege sein.

Nur närrisch scheint Verzagtem dir,
Wie schön die Welt sich dehnt,
Wie schändlich, sinnlos zu verliern
Die Stunden, so ersehnt.

Und dir ist niemand recht und wirst
Auch an dir selbst nicht froh.
Ob schreiben, sagst du, oder nicht,
Musst sterben sowieso.

Zum Kotzen – alles rundherum,
Was sei – es ärgert dich,
Wie bitter schade ist's, dass du –
Doch das ja – bin auch ich.

Was alles an und in dir ist,
Kommt alles *mir* auch zu.
Ich sage Dank noch dem Geschick,
Dass ich – nicht einfach du.

Mitnichten, sag mit Liebe ich,
Bin ganz ich dir liiert.
Ich bin – mein Ich, so wie ich bin,
Um deines subtrahiert.

(1957/1958)

О сущем

Мне славы тлен – без интереса
И власти мелочная страсть.
Но мне от утреннего леса
Нужна моя на свете часть;

От уходящей в детство стежки
В бору пахучей конопли;
От той березовой сережки,
Что майский дождь прибьет в пыли;

От моря, моющего с пеной
Каменья теплых берегов;
От песни той, что юность пела
В свой век – особый из веков;

И от беды и от победы –
Любой людской – нужна мне часть,
Чтоб видеть все и все изведать,
Всему не издали учась...

И не таю еще признанья:
Мне нужно, дорого до слез
В итоге – твердое сознанье,
Что честно я тянул мой воз.

(1957/1958)

Vom Wahren

Am eitlen Ruhm – kein Interesse,
Auch an der Eifersucht der Macht,
Doch brauch mein Teil ich hier auf Erden
Vom Walde, wenn der Tag erwacht;

Vom dufterfüllten Hanfwaldpfädchen
Das in die Kinderzeiten trägt,
Und von den Birken diese Kätzchen,
Die in den Staub Mairegen schlägt;

Vom Meere, das mit Schaum die Steine
Abwäscht das warme Ufer lang,
Vom Liede, das in ihren Zeiten,
Die einzig sind, die Jugend sang.

Von jedem Leid und Sieg des Menschen
Brauch ich mein Teil, um alles ganz
Von nah zu sehen, es zu erleben,
Nichts lerne ich aus der Distanz…

Und will auch eines noch bekennen:
So wertvoll, dass mich Schmerz erfasst
Zum Schluss – ich muss mir sagen können,
Ich schleppte redlich meine Last.

(1957/1958)

Вся суть в одном-единственном завете:
То что скажу, до времени тая,
Я это знаю лучше всех на свете –
Живых и мертвых, – знаю только я.

Сказать то слово никому другому
Я никогда бы ни за что не мог
Передоверить. Даже Льву Толстому –
Нельзя. Не скажет – пусть себе он бог.

А я лишь смертный. Зза свое в ответе,
Я об одном при жизни хлопочу:
О том, что знаю лучше всех на свете,
Сказать хочу. И так, как я хочу.

(1958)

In *dem* Vermächtnis liegt das ganze Wesen:
Das, was ich sage und bis da verschwieg,
Weiß ich von allen auf der Welt am besten –
Von Lebenden und Toten – weiß nur ich.

Und jemand andrem niemals je vermöcht' ich
Zu sagen überlassen dieses Wort.
Sogar nicht Leo Tolstoi – ganz unmöglich.
Er kann's nicht sagen – sei er selbst auch Gott.

Ich, sterblich nur, bemühe mich im Leben,
Dem Meinigen verantwortlich, um dies:
Will sagen, was ich auf der Welt am besten
Zu sagen weiß. Und so, wie ich es will.

(1958)

Московское утро

Москва по утрам
        обновляется чудно:
Еще не шумна,
        не пыльна, малолюдна;
Подернута дымкой
        в разводах белесых,
Где дождь по асфальту
        прошел на колесах;
Насыщена запахом
        булочных ранних,
Где белый – как сдоба,
        и черный – как пряник;
Остужена тенью
        своих корпусов;
Озвучена боем
        кремлевских часов.

И весь этот мир,
        этот утренний город,
Мне нынче особенно
        близок и дорог.
Надев мои новые
        брюки в полоску
К газетному я
        направляюсь киоску.
Газету мне почта
        доставит и на дом,

Но мне ее видеть
       на улице надо,
В случайном составе
       того коллектива,
Где очередь я
       занимаю учтиво.

И скукой томиться
       там нету причины:
Газету как раз
       выгружают с машины.
А что там сегодня
       на третьей странице,
Еще никому
       не известно в столице.
А я хоть и знаю
       от строчки до строчки,
Но скромно молчу,
       продвигаясь в цепочке.
Хотя эта скромность –
       признаться ли в том? –
Она мне дается
       с немалым трудом.

Давно я немолод,
       но, странное дело,
В одном остаюсь я
       парнишкой всецело,
Тем самым, что где-то,
       далеко отсюда,

Впервые познал
      это сладкое чудо –
Увидеть свой вымысел,
      скрытно рожденный,
Печатными буквами
      вдруг утвержденный
И распространенный,
      объявленный разом
С уборочной сводкой,
      Верховным указом,
Ученой статьей
      и последнею самой
Парижской ли,
      лондонской там телеграммой,
Итоговым счетом
      футбольных работ...
Но что это? Нет?
      Или номер не тот?

Уже впереди
      развернули газету,
На третьей странице –
      стихов моих нету.
Да, так-таки нету.
      И сердце упало...
А люди вокруг –
      как ни в чем ни бывало:
Тот прячет газету
      в портфель для утехи –

В служебное время
          прочесть без помехи;
А этой серьезной,
          порывистой тете –
Ей некогда будет
          читать на работе, –
Она, как и многие,
          мигом, на месте,
Срывает верхушки
          последних известий,
Себя сберегая
          для нынешних дел...
Зачем же я новые
          брюки надел?..

И чувство вины,
          и стыда, и просчета
Меня охватило.
          Какого же черта!..
Как будто свой поезд
          прохлопав ушами,
Остался дурак
          на перроне в пижаме:
За поездом, что ли,
          бежать ему вслед?
Он думал, что едет,
          а вышло, что нет...
Какого же черта!..
          Ведь ночью недавней

Звонил мне редактор,
            не просто, а главный.

Я к трубке приникнул –
            не часто такое, –
И слышу: Простите,
            что Вас беспокою.
Хоть службу ночную
            мы сами несем,
Мы знаем, как дорог
            Ваш творческий сон. –
И против обычных
            редакторских правил
С удачей меня
            троекратно поздравил.
Мол, знаете сами,
            не мастер хвалить я,
Но это в поэзии –
            просто событье.
Этап. И ступень.
            И значительный шаг...

Слова эти
            так и горели в ушах.
Хотя, если вспомнить,
            я с первой минуты
Почуял, что главный
            подводит к чему-то;
И вот уже вывел
            на самую кромку,

Внизу для меня
      подстеливши соломку:
– Печатаем, как же!
      За мелочью дело... –
И трубка в руке
      у меня запотела.
Я слышал, как главный
      закашлял неловко:
– Вы знаете, все-таки...
      эта концовка...
Прочтите-ка сами –
      не слева направо,
А справа налево:
      Двусмысленно, право...

Мой голос дрожит
      от обиды и гнева;
– Простите, зачем же
      мне справа налево
Читать эти строчки,
      размысливши здраво,
Когда полагается –
      слева направо?
– Конечно, конечно, –
      и главный согласен,
Что смысл, если так,
      безупречен и ясен.
– Но мы о читателе
      думать должны.

(Как будто читатель –
        он прибыл с луны!)
Мол, этот вопрос –
        он возник мимоходом,
Поскольку мы тут
        совещались с народом.

Я диву даюсь:
        ну зачем он мне врет?
Какой там сейчас
        в кабинете народ!
И мне ли не знать,
        что на самом-то деле
Народ по ночам
        пребывает в постели.
А тот, что на вахте
        иль в смене ночной,
Он занят своею
        задачей прямой.

Но именно данную
        часть разговора
Я как-то из памяти
        вычеркнул скоро.
А то, что я в трубке
        услышал сначала,
В душе моей внятно
        и сладко звучало:

«Печатаем, как же!
           За мелочью дело...»
Но мелочь, я думал,
           сама отлетела...
и утром поднялся,
           доволен и светел,
И новыми брюками
           дату отметил.
И бодрой походкой
           на улицу вышел,
А как обернулось –
           рассказано выше...
Но утро есть утро,
           и день – это дело.
Москва поднялась,
           зашумела, запела,
Затмилась пыльцой
           и дымком зачадила,
Но жизни полна,
           величава на диво!..

Досада моя
           рассосалась помалу.
К столу! – как другие к станку
           иль штурвалу.
К труду! – и забудь
           в горделивом терпенье
Про все те «этапы»,
           «шаги» и «ступени».

Но строки души
         и любви не лукавой
Пиши, как положено, –
         слева направо.
И помни в работе,
         единой со всеми
Что главный редактор –
         великое время, –
Не в далях иных,
         за посмертной страницей,
А время, что нынче –
         в селе и в столице.
И ты не считай,
         что, родившись в сорочке,

Ему не обязан
         от строчки до строчки.
Обязан кругом –
         и завидной планидой,
И славой своей,
         и минучей обидой.
Оно и обиду
         по чести рассудит,
А если не вдруг,
         так тебя не убудет.
Не так ты уж беден
         и в нынешнем разе:
Не все на прилавке,
         а есть и на базе!..

Ах, время родное,
           великое время,
Солгу по расчету –
           лупи меня в темя!
А если подчас
           оступлюсь ненароком –
Учи меня мудрым
           уроком-упреком.
Приму его сердцем,
           учту его честно,
В строю не замедлю
           занять свое место.
Когда я с тобою,
           мне все по плечу,
Ты скажешь –
           я горы тебе сворочу.

(1957 – 1959)

Moskauer Morgen

So wunderbar neu
    Ist Moskau am Morgen:
Noch ohne den Lärm,
    Nicht staubig, kaum Menschen;
Von weißlichem Dunste
    In Streifen umschleiert;
Wo auf dem Asphalt lief
    Auf Rädern der Regen;
Erfüllt vom Aroma
    Der früh'n Bäckereien,
Mit Feinbrot, so weiß,
    Mit Lebkuchenschwärze;
Von seinen Gebäuden
    Noch schattig und kühl,
Vom Schlagen der Uhren
    Des Kremels durchtönt.

Und all diese Welt
    Der Stadt früh am Morgen
Ist grade besonders
    Mir nahe und teuer.
Gekleidet in neue
    Gestreifte Hose
Zum Zeitungsgeschäft
    Die Richtung ich nehme.
Die Post zwar, sie liefert
    Nach Haus mir die Zeitung,

Und trotzdem muss ich auf
    Der Straße sie sehen,
Im Zufallsbestande
    Der Gruppengemeinschaft,
Wo ich mich manierlich
    Der Schlange dann einreih.

Sich dort nun gelangweilt
    Zu quälen, kein Anlass:
Man lädt eben jetzt
    Die Zeitung vom Wagen.
Noch niemandem ist
    Bekannt in der Hauptstadt
Was, Seitenzahl drei, da
    Zu lesen steht heute.
Obwohl ich es kenne
    Von Zeile zu Zeile,
Bescheiden schweig' still,
    Rück' vorwärts im Kettchen.
Bescheidenheit freilich –
    Gesteh' ich das hier? –
Erhebliche Mühe
    Bereitet sie mir.

Bin lang schon nicht jung mehr,
    Doch seltsame Sache,
Ich bleibe in einem
    So ganz noch der Junge,
Dem irgendwo, ferne
    Vom jetzigen Orte,

Es erstmals geschah,
  Dies liebliche Wunder –
Die eigne Erfindung,
  Verborgen geboren,
Ganz plötzlich in Lettern
  Bestätigt zu sehen
Verbreitet, verkündet
  Auf einmal zusammen
Mit Erntebericht und
  Behördenerlass, mit
Gelehrtem Artikel
  Und, sei aus Paris sie,
Aus London gekommen,
  der letzten Depesche,
Dem Endstand der Arbeit
  Im Fußball… Doch halt,
Was ist das hier? Nein?
  Die Nummer gar falsch?

Man hat bereits vorne
  Entfaltet die Zeitung,
Und da auf der Seite –
  Stehn nicht meine Verse.
Ja leider, mitnichten.
  Das Herz fällt nach unten,
Die Leute rundum –
  Als wär' nichts gewesen:
Steckt *dieser* die Zeitung
  Sich ein fürs Vergnügen –

Er wird in der Dienstzeit
     Sie ungestört lesen;
Und jenem seriösen
     Wie hektischen Tantchen –
Bleibt nicht mal ein Weilchen
     Dafür bei der Arbeit, –
Im Nu, auf der Stelle
     Verschlingt sie, wie viele,
Die Zeilen am Kopfe
     Der neusten Berichte,
Und hält sich verfügbar
     Für das, was zu tun…
Die neue Hose,
     Was trag' ich sie nun?

Empfindung von Schuld
     Und Scham und Verrechnen
Mich plötzlich umfasste:
     Was soll das, zum Teufel…!
Wie wenn seinen Zug, weil
     Mit Ohren er wackelt,
Der Dummkopf verpasst
     Am Gleis im Pyjama:
Nun soll er noch etwa
     Dem Zug hinterdrein?
Er glaubte zu fahren,
     Da zeigte sich's: nein…
Was soll das, zum Teufel…!
     Rief an der Redaktor

Zur Nacht doch vor kurzem,
Der Ob're, der Chef war's.

Gepresst an den Hörer –
Kommt so was nicht oft vor –
Verzeihn Sie, so hör' ich,
Wenn ich Sie jetzt störe.
Ob selbst wir den Nachtdienst
Hier ableisten zwar,
Ist klar uns, wie wertvoll
Dem Künstler der Schlaf. –
Und gegen die Regeln,
Wie sonst sie gebräuchlich,
Beglückwünscht zu meinem
Erfolg er mich dreifach.
Ich lobe nicht gerne,
Sie wissen's ja, sagt er,
Doch *das* hier ist einfach
Ein Dichtungs-Ereignis
Etappe. Und Stufe
Und wichtiger Schritt...

Wie brannten mir heiß
Die Worte im Ohr.
Doch wenn ich's bedenke, –
Ich spürte am Anfang
Sofort, dass der Ob're
Hinauswill auf etwas;
Und hat mich hinaus schon
Geführt an die Kante

Und unten für mich
            Gestreut einen Strohhalm:
– Wir drucken, wie üblich!
            Nur Kleinigkeit fehlt noch.
– Und mir in der Hand
            Schwitznass ist der Hörer.
Ich hör', wie der Ob're
            Gekünstelt nun hüstelt:
– Es ist, irgendwie, tja,
            Sie wissen's, dies Ende…
Na, lesen Sie selber –
            Von links nicht nach rechts, nein,
Von rechts mal nach links nun:
            Ganz zweideutig, wirklich …

Mir zittert vor Zorn
            Und Kränkung die Stimme:
– Verzeihung, wozu nur
            Soll ich diese Zeilen
Von rechts her denn lesen?
            Betrachtet man's nüchtern,
Und wie es Gebrauch ist –
            Von links dann nach rechts wohl?
– Natürlich, natürlich, –
            Und er gesteht zu, dass
Auf *die* Art der Sinn
            Ganz klar, einwand*frei* ist.
– Doch stets sei der Leser
            Von uns auch bedacht.

(Der Leser – als wäre
   Vom Mond er gekommen.)
Die Frage entstand,
   So sagt er, aus Zufall,
Weil wir hier uns mit
   Dem Volke berieten.

Ich wundre mich sehr:
   Was lügt er mich an?
Ja, was für ein Volk
   Ist jetzt im Büro!
Als wüsste ich nicht,
   Dass unwiderleglich
Das Volk in der Nacht
   Im Bett sich befindet.
Und wer auch im Dienst ist,
   Auf Wache, auf Schicht,
Der ist nur beschäftigt
   Mit eigener Pflicht.

Genau diese Stelle
   Jedoch des Gespräches
Ließ irgendwie schnell ich
   Aus meinem Gedächtnis.
Und das, was am Anfang
   Ich hörte im Hörer,
Klang deutlich und klang mir
   Die Seele betörend:

„Wir drucken, wie üblich,
      Nur Kleinigkeit fehlt noch…"
Die Kleinigkeit hob sich
      So schien mir's, von selbst fort.
Zufrieden und heiter
      Stand auf ich am Morgen,
Das Datum beehrte
      Ich mit neuer Hose.
Und munteren Schrittes
      Betrat ich die Straße,
Und wie sich's gewendet –
      Ward oben berichtet…
Der Morgen ist Morgen,
      Der Tag dann die Arbeit.
Und Moskau stand auf,
      Bald lärmend und singend,
In Stäubchen gehüllt,
      Mit Rauchschleiern rauchend,
Voll Leben indes,
      Voll Wunder und Hoheit.

Mein Ärger entschwand
      Allmählich. Zum Tisch nun! –
Wie andere gehn
      Zur Werkband, ans Steuer.
Fang an! – Und vergiss
      All diese „Etappen"
Die „Schritte" und „Stufen"
      In würdigem Gleichmut.

Doch Zeilen, beseelt,
     Fern listiger Liebe,
Die schreibe, von links dann
     Nach rechts, wie es sein muss.
Und wenn an der Arbeit,
     Wie alle, dann denk dran,
Der Ob're Redaktor –
     Die Zeit ist's – und nicht die
Für Seiten posthum,
     In anderen Fernen,
Die jetzige Zeit ist's –
     Im Dorf, in der Hauptstadt.
Und du meine nicht,
     Im Hemde geboren

Ihr nichts zu schulden
     Von Zeile zu Zeile.
Du schuldest rundum –
     Gesegnetes Wesen,
Den eigenen Ruhm
     Und früh'res Beschimpftsein.
Sie bringt auch ins reine
     Beschimpfung und Kränkung,
Und wenn nicht sofort,
     Es wird dich nicht mindern.
So arm bist du nicht,
     Und diesmal: Nicht alles
Im Laden, da bleibt noch
     So manches im Lager.

Ach, Zeit, du mir teure,
    Du mächtige Zeit, wenn
Ich lüge mit Absicht
    Dann hämmre die Stirn mir!
Und wenn ab und zu
    Ich unachtsam strauchle –
Mich weise belehre
    Mit weisendem Vorwurf.
Von Herzen empfange
    Ich ihn und befolg' ihn,
Ich zögere nicht,
    Ins Glied mich zu reihen.
Mit dir, da drückt mir
    Die Schultern nichts krumm,
Du sagst mir –
    Für dich werfe Berge ich um.

(1957 – 1959)

Жить бы мне век соловьем-одиночкой
В этом краю травянистых дорог,
Звонко выщелкивать строчку за строчкой,
Циклы стихов, заготовленных впрок.
О разнотравье лугов непримятых.
Зорях пастушьих, угодьях грибных.
О лесниках-добряках бородатых.
О родниках и вечерних закатах.
Девичьих косах и росах ночных...

Жить бы да петь в заповеднике этом,
От многолюдных дорог в стороне,
Малым, недальним довольствуясь эхом –
Вот оно счастье. Да жаль, не по мне.

Сердце иному причастно всецело,
Словно с рожденья кому подряжен
Браться с душой за нелегкое дело,
Биться, беситься и лезть на рожон.

И поспевать, надрываясь до страсти,
С болью, с тревогой за нынешним днем.
И обретать беспокойное счастье
Не во вчерашнем, а именно в нем...

Да! Но скажу я: без этой тропинки,
Где оставляю сегодняшний след,
И без росы на лесной паутинке –
Памяти нежной ребяческих лет –

И без иной – хоть ничтожной – травинки
Жить мне и петь мне? Опять-таки – нет...

Не потому, что особой причуде
Дань отдаю в этом тихом крою.
Просто – мне дорого все, что и людям,
Все, что мне дорого, то и пою.

(1959)

Lebte als Nachtigall gern ich alleine
In diesem Lande mit Wegen aus Gras,
Hellklingend schlüge ich Zeile um Zeile,
Legte als Vorrat Gedichtzyklen an.
Über des Wiesengrüns Vielfalt an Gräsern,
Pilzgründe, Hirten, im Frührot erwacht,
Über den bärtigen Förster Barmherzig,
Über der Abende Rot und die Quellen,
Zöpfe der Mädchen und Tau der Nacht.

Lebte und säng' im Naturschutzreviere,
Von den bevölkerten Wegen abseits,
Schwach nur ein Echo, nicht fernher, zufrieden,
Das ist das Glück! Aber leider nicht meins.

Herz, das sich anderem gänzlich ergeben,
Wie von Geburt an in festem Kontrakt,
Tun, was nicht leicht ist, mit glühender Seele,
Schlagen und wüten, die Hörner gepackt.

Schmerzvoll, bis über die Maßen sich schindend,
Ruhlos dem jetzigen Tag hinterher,
Und dann ein Glück ohne Ruhe gewinnen,
Nicht eins von gestern, in diesem vielmehr.

Ja! Doch ich sage: ohne dies Pfädchen,
Tragend die Fußspur von heute, die mein,
Ohne den Tauglanz im Wald auf Spinnwebchen –
Erinnrung der Kindheit, so zart und fein –

Ohne noch manche, auch winzige Hälmchen
Leben und singen, ich? Wiederum – nein...

Nicht weil in diesem so friedlichen Lande
Nur einer Laune Tribut ich erbring.
Lieb ist und teuer mir, was auch den andern,
Alles was lieb mir und teuer ich sing.

(1959)

Слово о словах

Когда серьезные причины
Для речи вызрели в груди,
Обычной жалобы зачина –
Мол, нету слов – не заводи.

Все есть слова – для каждой сути,
Все, что ведут на бой и труд,
Но, повторяемые всуе,
Теряют вес, как мухи мрут.

Да, есть слова, что жгут, как пламя,
Что светят вдаль и вглубь – до дна,
Но их подмена словесами
Измене может быть равна.

Вот почему, земля родная,
Хоть я избытком их томим,
Я, может, скупо применяю
Слова мои к делам твоим.

Сыновней призванный любовью
В слова облечь твои труды,
Я как кощунства – краснословья
Остерегаюсь, как беды.

Не белоручка и не лодырь,
Своим кичащийся пером,
Стыжусь торчать с дежурной одой
Перед твоим календарем.

Мне горек твой упрек напрасный.
Но я в тревоге всякий раз:
Я знаю, как слова опасны
Как могут быть вредны подчас;

Как перед миром потрясенным
Величьем подвигов твоих,
Они, слова, дурным трезвоном
Смущают мертвых и живых;

Как, обольщая нас окраской,
Слова – труха, слова – утиль
В иных устах до пошлой сказки
Низводят сказочную быль.

И я, чей хлеб насущный – слово,
Основа всех моих основ,
Я за такой устав суровый,
Чтоб ограничить трату слов:

Чтоб сердце кровью их питало,
Чтоб разум их живой смыкал,
Чтоб не транжирить как попало
Из капиталов капитал;

Чтоб не мешать зерна с половой,
Самим себе в глаза пыля;
Чтоб шло в расчет любое слово
По курсу твердого рубля.

Оно не звук окостенелый,
Не просто некий материал,
Нет, слово – это тоже дело,
Как Ленин часто повторял.

(1962)

Ein Wort über Worte

Wenn aufrichtige Gründe tragen
Im Herzen deine Rede, dann
Die altbekannte Anfangsklage:
Kein Wort zu finden – fang nicht an.

Es gibt für alles alle Worte,
All die mit Kampf und Tat im Sinn.
Sie aber unnütz wiederholen –
Wie Fliegen sterben sie dahin.

Ja, Worte gibt es, heiß, wie Flammen,
Sie leuchten weit und bis zum Grund,
Statt ihrer Phrasen nur versammeln,
Trägt schon Verrat vielleicht im Mund.

Deswegen, Heimatland, obwohl ja
Bedrängt von ihrem Überfluss,
Mag's sein, dass ich die Worte sparsam
An deine Taten wenden muss.

Im Wort verkörpern deine Taten:
Die Liebe es dem Sohn gebot,
Wie Lästerungen fürcht ich alle
Nur schönen Worte, so wie Not.

Kein Rührnichtsan, kein Nichtsnutz, der sich
Mit seiner Feder wedelnd reckt,
Ich schäm mich, wenn für Oden-Dienste
Man wartend vorm Kalender steckt.

Dein ungerechter Vorwurf schmerzt mich.
Doch Unruhe füllt stets mich an:
Ich weiß es, wie das Wort gefährlich
Und schädlich manchmal wirken kann;

Wie vor der Welt, die durch die Größe
Der Taten dein erschüttert war,
Bestürzte blödes Wort-Getöse
Die Lebenden und Toten gar;

Wie Worte, durchs Ornat uns täuschend,
Sie sind wie Dreck auf Deponien,
Herab zu abgeschmackten Märchen
Das märchenhafte Wahre ziehn.

Und ich, des' täglich Brot – das Wort ist,
Auf dem mir alles sonst basiert,
Ich bin dafür, dass strenge Vorschrift
Den Wörterausstoß limitiert:

Dass sie voll Herzblut, dass lebend'ge
Vernunft verbinde sie und nicht
Dies Grundvermögen sich verschwende,
Als sei das gar nicht von Gewicht;

Dass keine Spreu ins Korn gerate
Und nicht ins eigne Auge Sand;
Dass jedes Wort den Wert erhalte
Nach festen Währungskurses Stand.

Es ist nicht Schall nur, der erstarrt ist,
Nicht irgendwelches Material, –
Nein, jedes Wort – auch immer Tat ist,
Wie Lenin sprach so manches Mal.

(1962)

Дробится рваный цоколь монумента,
Взывает сталь отбойных молотков.
Крутой раствор особого цемента
Рассчитан был на тысячи веков.

Пришло так быстро время пересчета,
И так нагляден нынешний урок:
Чрезмерная о вечности забота –
Она, по справедливости, не впрок.

Но как сцепились намертво каменья,
Разъять их силой – выдать семь потов.
Чрезмерная забота о забвенье
Немалых тоже требует трудов.

Все, что на свете сделано руками,
Рукам под силу обратить на слом.
Но дело в том,
Что сам собою камень, –
Он не бывает ни добром, ни злом.

(1963)

Zerrissner Sockel hier des Monumentes,
Zerstückelnd Stahl der Abbruchhämmer kracht.
Besondre, starke Mischung des Zementes,
Für die Jahrtausende zurechtgemacht.

So schnell kam einer neuen Rechnung Zeit, ist
So anschaulich die jetzige Lektion:
Zu viel an Sorge für die Ewigkeit ist
Am Ende, recht beurteilt, nur voll Hohn.

Und doch, wie fest verzahnt der Bau, bei dessen
Zerlegung jeder Wasser schwitzt und Blut.
Auch übermäßig sorgen fürs Vergessen
Verlangt an Kraft nicht weniger Tribut.

Was alles auf der Welt die Hände machten,
Das reißen sie womöglich wieder ein.
Indes, der Stein,
Und das bleibt zu beachten,
Kann selber weder gut noch böse sein.

(1963)

Мне сладок был тот шум сонливый
И неусыпный полевой,
Когда в июне, до налива,
Смыкалась рожь над головой.

И трогал душу по-другому, –
Хоть с детства слух к нему привык, –
Невнятный говор или гомон
В вершинах сосен вековых.

Но эти памятные шумы –
Иной порой, в краю другом –
Как будто отзвук давней думы,
Мне в шуме слышались морском.

Распознавалась та же мера
И тоны музыки земной...
Все это жизнь моя шумела,
Что вся была еще за мной.

И все, что мне тогда вещала,
Что обещала мне она,
Я слышать вновь готов сначала,
Как песню, даром, что грустна.

(1964)

War süß mir, dieses Lärmen, ohne
Zu enden, schläfernd, auf dem Feld,
Wenn sich im Juni schloss der Roggen
Zur Reife überm Kopf zum Zelt.

Und anders rührte an die Seele,
Obwohl von klein auf ohrvertraut,
Im Krongeäst uralter Kiefern
Geräusch wie Stimmgemurmellaut.

Doch, unvergesslich, dieses Tönen
Vernahm ich wie den Widerklang
Alter Gedanken dann im Dröhnen
Des Meeres, *anders*wo und -wann.

Das gleiche Maß war zu erkennen,
Musik auf Erden… alles das
War meines Lebens Klang zu nennen,
Das hinter mir noch immer war.

Und alles, was es prophezeite
Und mir versprach, ich bin bereit
Es nochmals, ganz von vorn, zu hören,
Wie, wenn auch traurig zwar, ein Lied.

(1964)

Как неприютно этим соснам в парке,
Что здесь расчерчен, в их родных местах,
Там-сям, вразброс, лесные перестарки,
Стоят они – ни дома, ни в гостях.

Прогонистые, выросшие в чаще,
Стоят они, наружу голизной,
Под зимней стужей и жарой палящей
Защиты лишены своей лесной.

Как стертые метелки, их верхушки
Редеют в небе над стволом нагим.
Иные похилились друг ко дружке,
И вновь уже не выпрямиться им...

Еще они, былую вспомнив пору,
Под ветром вдруг застонут, заскрипят,
Торжественную песнь родного бора
Затянут вразнобой и невпопад.

И оборвут, постаныавая тихо,
Как пьяные, мыча без голосов...
Но чуток сон сердечников и психов
За окнами больничных корпусов.

(1965)

Wie zufluchtlos im Park sind diese Kiefern,
Der eingeprägt, wo ihre Heimat war.
Hier, dort und da, im Wald noch alt geworden,
Stehn sie – zuhause nicht und auch nicht Gast.

Verstoßne, großgewachsen einst in Dickicht,
Stehn sie in ihrem Ausgesetztsein nackt,
Bei scharfem Winterfrost und glüh'nder Hitze
Sind ohne Schutz sie ohne sich als Wald.

Wie dünne Besen lichten ihre Wipfel
Sich in den Himmel über nacktem Schaft,
Stehn manche zueinander hin geschwächelt,
Aufrechter Stand kehrt ihnen nirgendwann.

Und plötzlich, sich der Zeit erinnernd, fangen
Zu stöhnen sie und knarren an im Wind.
Das feierliche Lied des alten Waldes
Singt einzeln jede durcheinander hin.

Und brechen ab dann, leise stöhnend,
Wie ein Betrunkner ohne Stimme lallt…
Doch schlafen leicht die Herz- und Geistgestörten
Hinter den Fenstern hier im Krankentrakt.

(1965)

Как не спеша садовники орудуют
Над ямой, заготовленной для дерева:
На корни грунт не сваливают грудою,
По горсточке отмеривают.

Как будто птицам корм из рук,
Крошат его для яблони.

И обойдут приствольный круг
Вслед за лопатой граблями...

Но как могильщики – рывком –
Давай, давай без передышки, –

Едва свалился первый ком,
И вот уже не слышно крышки.

Они минутой дорожат,
У них иной, пожарный навык:
Как будто откопать спешат,
А не закапывают навек.

Спешат, – меж двух затяжек срок,–
Песок, гнилушки, битый камень
Кой-как содвинуть в бугорок,
Чтоб завалить его венками...

Но ту сноровку не порочь, –
Оправдан этот спех рабочий:
Ведь ты им сам готов помочь,
Чтоб только все – еще короче.

(1965)

Wie ohne Hast die Gärtner an der Arbeit, wo
Für einen Baum die Grube ausgehoben ist:
Sie werfen Erde auf die Wurzel nicht bloß so
In Haufen, handvollweise man's bemisst.

Wie Vögeln Futter aus der Hand,
Sie's für das Apfelbäumchen brechen.

Und um den Stamm den Erderand,
Begehn, nach Schaufeln, sie mit Rechen.

Indes die Totengräber – hopp,
Sie kann kein Atemholen stören –

Kaum macht der erste Klumpen Plopp,
Ist schon das Holz nicht mehr zu hören.

Als wär'n sie in ein brennend' Haus
Gesperrt, so kostbar ihnen Zeit ist,
Als grüben sie in Eile aus,
Nicht ein, was von der Zeit befreit ist.

Schnell, schnell – die Frist liegt zwischen zwei
Zügen – aus Sand und Stein und Drecke
Nur irgendwie ein Hügel sei,
Den Kranz um Kranz dann überdecke…

Nicht schlecht mach diese Tüchtigkeit,
Ist recht und billig ihre Eile:
Bist selbst zur Hilfe ja bereit,
Zu kürzen noch die kurze Weile.

(1965)

Заведав жар такой работы,
Когда часы быстрей минут,
Когда забудешь, где ты, что ты,
И кто, и как тебя зовут;

Когда весь мир как будто внове
И дорога до смерти жизнь, –
От сладких слез, что наготове,
По крайней мере, удержись.

Года обязывают строже,
О прежних вспышках не жалей.
Не штука быть себя моложе,
Труднее быть себя зрелей.

(1965)

Erfährst du solcher Arbeit Gluten,
Wenn wo und was und wer du bist,
In Stunden schneller als Minuten,
Wenn deinen Namen du vergisst;

Wenn dir die Welt wie neu und findest
Das Leben wertvoll bis zum Tod –
Den süßen Tränenfluss zumindest
Verhalte dann, der hier schon droht.

Die Jahre fordern strengres Streben,
Einst ungestüm, bereue nicht.
Nicht schwer ist, jünger sich zu geben,
Das Reifersein hat mehr Gewicht.

(1965)

Такою отмечен я долей бедовой,
Была уже мать на последей неделе,
Сгребала сенцо на опушке еловой, –
Минута пришла – далеко до постели.

И та закрепилась за мною отметка,
Я с детства подробности эти усвоил,
Как с поля меня доставляла соседка
С налипшей на мне прошлогоднею хвоей.

И не были эти в обиду мне слухи,
Что я из-под елки, и всякие толки, –
Зато, как тогда утверждали старухи,
Таких, из-под елки,
Не трогают волки.

Увы, без вниманья к породе особой,
Что хвойные те означали иголки,
С великой охотой,
С отменною злобой
Едят меня всякие серые волки.

Едят, но недаром же я из-под ели,
Отнюдь не сказать, чтобы так-таки съели.

(1966)

Gekennzeichnet ich von verwegener Fügung:
Am Tannenwald Heu harkte Mutter zusammen,
Als schon bis zuletzt fast die Wochen vorüber
Dann kam die Minute – doch weit von der Kammer.

Und dann hat dies Zeichen sich an mich geheftet,
Kenn all die Details ja seit Kinderzeittagen,
Wie mich eine Nachbarin brachte vom Felde
Und an mir noch klebten des Vorjahres Nadeln.

Und gar nicht beleidigte mich das Geraune,
Dass ich aus den Tannen hervorkam, und andres –
Dafür, so meinten damals die alten Frauen,
Rühr'n den aus den Tannen
Die Wölfe nie an je.

O weh, die besondere Art nur missachtend,
Und was diese stachligen Nadeln bedeuten,
Mit Lust und Behagen,
Voll Bosheit mich packend,
Frisst an mir allerlei Wölfe graue Meute.

Sie fressen, doch kam nicht umsonst aus den Tannen:
Gefressen indes ist mitnichten zu sagen.

(1966)

124

Стой, говорю: всему помеха –
То, что, к перу садясь за стол,
Ты страсти мелочной успеха
На этот раз не поборол.

Ты не свободен был. И даже
Стремился славу подкрепить,
Чтоб не стоять у ней на страже,
Как за жену, спокойным быть.

Прочь этот прах, расчет порочный,
Не надо платы никакой –
Ни той, посмертной, ни построчной, –
А только б сладить со строкой.

А только б некий луч словесный
Узреть, не зримый никому,
Извлечь его из тьмы безвестной
И удивиться самому.

И вздрогнуть, веря и не веря
Внезапной радости своей,
Боясь находки, как потери,
Что с каждым разом все больней.

(1966)

Halt, sag ich: alles musst' es stören,
Als dich's zu Tisch und Feder trieb
Und das im kleinlichen Beschwören,
Erfolg zu sehn, gefangen blieb.

Nicht frei warst du, dein Mühn und Machen
War: stärken gar des Ruhmes Bau,
Um nicht mehr über ihn zu wachen,
Ihm sicher, wie der eignen Frau.

Fort dieser Staub, die lasterhafte
Berechnung. Es braucht kein Entgelt,
Posthum nicht, nicht für Zeilen – schaffte
Man das nur, was sie fertig stellt.

Nur einen Wortstrahl zu entdecken,
Der niemand andrem sichtbar sei,
Ihn aus dem Dunkel zu erwecken
Und selbst zu staunen noch dabei.

Zu glauben wie auch nicht zu glauben
Der Freude, die dich jäh durchfährt,
Furcht vor dem Fund wie dem Berauben:
Schmerz, der mit jedem Mal sich mehrt.

(1966)

Есть имена и есть такие даты, –
Они нетленной сущности полны.
Мы в буднях перед ними виноваты, –
Не замолить по праздникам вины.
И словословья музыкою громкой
Не заглушить их памяти святой.
И в наших будут жить они потомках,
Что, может, нас оставят за чертой.

(1966)

Es gibt die Namen und gibt solche Daten,
Die niemals, ihrem Wesen nach, vergehn.
Vor ihnen alle Tage Schuld wir tragen,
Auch feiertags tilgt diese Schuld kein Flehn.
Das heilige Gedenken lässt in lautem
Musikgejubel nicht betäuben sich.
Sie werden in den Nachgebornen leben,
Die hinter *uns*, mag sein, ziehn einen Strich.

(1966)

Спасибо за утро такое,
За чудные эти часы
Лесного – не сна, а покоя,
Безмолвной морозной красы,

Когда над изгибом тропинки
С разлатых недвижных ветвей
Снежинки, одной порошинки,
Стряхнуть опасается ель.

За тихое, легкое счастье –
Не знаю, чему иль кому –
Спасибо, но, может, отчасти
Сегодня – себе самому.

(1966)

Danke für einen solchen Morgen,
Die herrlichen Stunden im Wald,
Nicht schlafbefangen – ruhgeborgen
Die Schönheit, still und frostig-kalt:

Wenn überm Pfade, wo er abbiegt,
Die Tanne ein Flöckchen Schnees, das von
Den breiten, starren Zweigen abfliegt,
Ja, nur ein Stäubchen, fürchtet schon.

Für dieses Glück, das still und leicht ist,
Sei Dank – weiß ich, an wen, auch nicht.
Mag aber sein, da es erreicht ist,
Zu einem Teile, heut, an – mich.

(1966)

Я знаю, никакой моей вины

В том, что другие не пришли с войны,
В том, что они – кто старше, кто моложе –
Остались там, и не о том же речь,
Что я их мог, но не сумел сберечь, –
Речь не о том, но все же, все же, все же...

(1966)

Ich weiß ja, meine Schuld, die ist es nicht,
Dass andre nicht zurückgekehrt vom Krieg,
Dass sie – sei's älter oder jünger – dort
Geblieben sind. Und keine Rede gar,
Dass ich sie nicht, wie ich gewollt, bewahrt.
Davon kein Wort – und doch, und doch, und doch…

(1966)

На дне моей жизни,
      на самом донышке
Захочется мне
      посидеть на солнышке,
На теплом пенышке.

И чтобы листва
      красовалась палая
В наклонных лучах
      недалекого вечера.
И пусть оно так,
      что морока немалая –
Твой век целиком,
      да об этом уж нечего.

Я думу свою
      без помех подслушаю,
Черту подведу
      стариковскою палочкой:
Нет, все-таки нет,
      ничего, что по случаю
Я здесь побывал
      и отметился галочкой.

(1967)

Am Grund meines Lebens,
    unten ganz am Gründchen,
Möcht eine Weile ich
    Sitzen im Sönnchen
Auf warmem Stümpfchen:

Die fallenden Blätter
    alle sich verschönen
Im nahenden Abend,
    Strahlen sinkenden Lichts.
Und mag es auch sein, dass
    Nicht gering das Stöhnen
In deinem Leben –
    Davon aber nun weiter nichts.

Ich werd einen Strich ziehn
    mit des Alters Stöckchen,
Wenn ungestört lauschend
    alles ich bedacht.
Nein und nein, nicht ist es
    nichts, dass so aus Zufall
Ich einmal hier war
    und hab Häkchen gemacht.

(1967)

К обидам горьким собственной персоны
Не призывать участье добрых душ.
Жить, как живешь, своей страдой бессонной, –
Взялся за гуж – не говори: не дюж.

С тропы своей ни в чем не соступая,
Не отступая – быть самим собой.
Так со своей управиться судьбой,
Чтоб в ней себя нашла судьба любая
И чью-то душу отпустила боль.

(1968)

Hat bittere Beleidigung getroffen,
Leb, wie du lebst: den Frondienst ohne Ruh,
Sollst nicht auf guter Seelen Mitleid hoffen –
Das Kumt gepackt, sag nicht, zu schwach seist du.

Vom seinem Pfad an keinem Punkte weichen
Und keine Abkehr – in sich selber fest,
In seinem Schicksal Eignes so erreichen,
Dass jedem Schicksal es ein Heimatzeichen
Und Eines Seele dann der Schmerz verlässt.

(1968)

В чем хочешь человечество вини
И самого себя, слуга народа,
Но ни при чем природа и погода:
Полны добра перед итогом года,
Как яблоки антоновские, дни.

Безветренны, теплы – почти что жарки,
Один другого краше, дни-подарки
Звенят чуть слышно золотом листвы
В самой Москве, в окрестностях Москвы
И где-нибудь, наверно, в пражском парке.

Перед какой безвестною зимой
Каких еще тревог и потрясений
Так свеж и ясен этот мир осенний,
Так сладок каждый вдох и выдох мой?

(1968)

Beschuldige die Menschen nur, wofür du willst,
Und auch dich selber, du, des Volkes Diener.
Doch können nichts dafür Natur und Wetter:
So voll von Gutem, wie Antonov-Äpfel,
Vorm Jahresabschluss nun die Tage sind.

Windstill, erfüllt von Wärme – heiß beinahe,
Stets schön und schöner noch – Geschenk der Tage.
Geklingel, hörbar kaum, vom Gold des Laubs
In Moskaus Umland und in Moskau auch
Und irgendwo, im Park in Prag ich sage.

Vor welchem Winter, ganz noch ungewiss,
Und welchen Nöten und Erschütterungen
Ein Herbst wie dieser, frisch und klar durchdrungen,
Dass süß ein jeder Atemzug mir ist…?

(1968)

Что нужно, чтобы жить с умом?
Понять свою планиду:
Найти себя в себе самом
И не терять из виду.

И труд свой пристально любя, –
Он всех основ основа, –
Сурово спрашивать с себя,
С других не столь сурово.

Хоть про сейчас, хоть про запас,
Но делать так работу,
Чтоб жить да жить,
Но каждый час
Готовым быть к отлету.

И не терзаться – ах да ох –
Что, близкий или дальний, –
Он все равно тебя врасплох
Застигнет, час летальный.

Аминь! Спокойно ставь печать,
Той вопреки оглядке:
Уж если в ней одной печаль, –
Так, значит, все в порядке.

(1969)

Was braucht es, in Vernunft zu leben?
Die eigne Art erfassen:
Sich in sich selbst zu finden streben,
Nicht aus dem Blick sich lassen.

Sein Schaffen lieben, ohne Rest –
Es ist der Grund für *alles* –
Sich selber fordern klar und fest
Die andern leichtren Falles.

Auf Vorrat oder nur fürs Jetzt,
Der Arbeit sich ergeben,
Dass Leben lebt,
Doch stets zuletzt
Bereit, sich wegzuheben.

Und nicht sich grämen – Ach und Oh –
Dass sie, sei deren Kunde
Nah oder fern, so oder so
Dich trifft: die Todesstunde.

Amen! Obwohl du dies auch weißt,
In Ruh den Stempel setze:
Bleibt hierin Trauer nur – das heißt:
Folgt alles dem Gesetze.

(1969)

Всему свой ряд, и лад, и срок:
В один присест, бывало,
Катал я в рифму по сто срок,
И все казалось мало.

Был неогляден день с утра,
А нынче дело к ночи...
Болтливость – старости сестра, –
Короче.
Покороче.

(1969)

Hat alles Ordnung, Art und Frist:
Ein Rutsch, so schmiert' ich hin es:
Im Hundert Reime – wie's nicht mehr ist –
Und stets zu wenig schien es.

Der Tag, einst morgens endlos weit,
Und nunmehr Nachtwärts-Sache…
Des Alters Schwester: Geschwätzigkeit –
Auf, kürzer –
Na, kürzer mache.

(1969)

Не заслоняй святую боль
Невозмутимым видом,
Коль стих на славу не тобой
Сегодня миру выдан.

Быть может, эта боль – залог
Того, что славы слаще,
Когда пронзает холодок
Удачи настоящей.

(1969)

Den heil'gen Schmerz verhülle nicht
Mit unerschütterlicher Miene,
Konntest nicht *du* mit dem Gedicht,
Das einschlägt, heut die Welt bedienen.

Vielleicht gibt dieser Schmerz Gewähr,
Dass süßer noch, als es der Ruhm ist,
Wenn du voll Kühle: so ist *der*
Erfolg, der wahres Eigentum ist.

(1969)

В случае главной утопии, –
В Азии этой, в Европе ли, –
Нам-то она не гроза:
Пожили, водочки попили,
Будет уже за глаза...

Жаль, вроде песни той, – деточек,
Мальчиков наших да девочек,
Всей неоглядной красы...
Ранних весенних веточек
В капельках первой росы...

(1969)

Gäb' es das Große Utopia –
Ob dort in Asien, Europa – ja
Uns doch würd's nicht mehr bedrohn:
Lebten und lüpften die Schnäpschen, da
Kommt's bald zum Auge hervor.

Schade, wie ähnlich im Liede, so
Um unsre Bübchen und Mädchen, oh,
Alles das Schöne zuhauf…
Frühste der Frühlingszeit Zweigchen, wo
Morgens die Tröpfchen des Taus…

(1969)

Час мой утренний, час контрольный, –
Утро вечера мудреней, –
Мир мой внутренний и окольный
В этот час на смотру видней.

Час открытий, еще возможных,
И верней его подстеречь
До того, как пустопорожних
Ни мечтаний, ни слов, ни встреч.
Не скрывает тот час контрольный, –
Благо, ты человек в летах, –
Все, что вольно или невольно
Было, вышло не то, не так.

Но еще не бездействен ропот
Огорченной твоей души.
Приобщая к опыту опыт,
Час мой, дело свое верши.

(1970)

Zur Prüfung meine Morgenstunde –
Der Morgen weiß, was Abend nicht –
Die Welt in mir und in der Runde,
Zu dieser Stunde klar die Sicht.

Die Stunde offen in das Neue,
Und sichrer ist sie anzugehn,
Solang noch keine leeren Träume
Und Worte und Begegnungen.
Der Prüfung Stunde, nichts verhüllt sie –
Gut dann, dass du im Alter schon –
Was Wille war, was unwillkürlich,
Nicht das erfolgte und nicht so.

Doch noch kein tatenloses Rascheln
Der Seele dein, so voll Verdruss.
Erfahrung lass noch mehr erfahren,
Stunde, vollziehe das, was muss.

(1970)